Je soussigné déclare avoir l'intention d'imprimer pour mon compte avec changement sur ou pour titre : Alphabet amusant illustré, que je me propose de tirer à 1000 exemplaires format in 18°, en 1 feuille d'impression.

Épinal le 18 octobre 1873

PRESSE ET COLPORTAGE
VOSGES
90 18 Octobre 1873

ALPHABET
LETTRES MAJUSCULES

A B C D E F
G H I J K L
M N O P Q R
S T U V X Y
Z Æ Œ W

A a
a

Ai gle.

B b
b

Bé lier.

LETTRES MINUSCULES

a b c d e f g h i
j k l m n o p q r
s t u v x y z æ
œ w ç

VOYELLES

a e i o u y

LES ACCENTS

Accent aigu   é   été.
Accent grave   è   zèle.
Accent circonflèxe   â   âne.

Pâ té, ac cès, fê te, vô tre, pro cès, é lè ve, pu pî tre

C c
c

Cha meau.

D d
d

Che val, Da da.

EXERCICES

ab ib eb ob ub
ba be bi bo bu
la le li lo lu
al il el ol ul
MA ME MI MO MU
FA FE FI FO FU
GA GE GI KA KE
KI RA RE RI NA
NE NI SA SE SI
VA VO VU

E e
e

É lé phant.

F f
f

Fu ret , la pin.

EXERCICES

a mi   ba ti   da me

fê te   du pe   vi de

lu ne   ca fé   bo bo

pè re   mè re   so fa

É CU ME   VI PÈ RE

CA N A RI   FA ÇA DE

CA RA FE   MA LA DE

SA LA DE   DO MI NO

VO LU ME   EN LE VÉ

G g *g*

Gi ra fe.

H h

Hyène.

EXERCICES

CLA	CLE	CLI	CLO	CLU
FLA	FLE	FLI	FLO	FLU
DRA	DRE	DRI	DRO	DRU
BLA	BLE	BLI	BLO	BLU
GLA	GLE	GLI	GLO	GLU
PRA	PRE	PRI	PRO	PRU
CRA	CRE	CRI	CRO	CRU
PLA	PLE	PLI	PLO	PLU
KLA	KLE	KLI	KLO	KLU
GRA	GRE	GRI	GRO	GRU

I i

I ma ge.

J j

Ja gu ar.

EXERCICES

GLAN	LOIR	CUIR
CLOU	DAIM	BLEU
DANS	MORT	HEUR
LEUR	FRAI	JEUN
NOIR	NIER	PLON
BLAN	GLOI	HUIS
JOUR	BLAU	FROI
NUIT	JUIN	PLAT
RIEN	BOUC	TROT
FROU	LOUP	PAIN
CRAN	TOUR	RANG
SANS	NORD	PLUS

K k
k

Ka ka to ès.

L l
l

Li on.

EXERCICES

A ZOR	BAR BA RE	CAL CUL
BU TOR	TOR TU RE	CI RA GE
BOS SU	FOR TU NE	MÉ TAL
JA BOT	RI VA GE	MA MAN
HÉ ROS	PI LO TE	MAR MOT

ACCENTS

É PE LÉ	RÉ VÉ RÉ	COU PÉ	É TÉ
A NI MÉ	ROU LÉ	RÊ VÉ	LA VÉ

NÈ GRE	FRÈ RE	PÈ RE	MÈ RE
CO LÈ RE	A MÈ RE	MI SÈ RE	

CÔ TE	FLÛ TE	PÊ CHE	BÊ TE
Â NE	HÂ TE	PÂ TE	BÛ CHE
RÛ CHE	VÔ TRE	PRÊ TRE	GÎ TE

M
m
m

Mois son neurs.

N

n
n

Na vi re.

EXERCICES

A MI TIÉ	FIA CRE	PIO CHE	TA NIÈ RE
VIOLON	CRU CHE	LIÈ VRE	BRO CHE
BA VIÈ RE	BIÈ RE	CHAN VRE	CHO PE
TUI LE	PEI GNE	KIOS QUE	HUI LE

A MOUR	BRON ZE	FOUI NE
A DIEU	POL TRON	FLÛ TE
FLEUR	JON GLEUR	TI GRE
STA BLE	STA TUE	STÈ RE
MAR BRE	TRI PLE	ZÈ BRE
FRÈ RE	GRA DE	BRI DE
GLOI RE	TRO NE	GRÈ LE
SA BRE	BRA VE	OR DRE

O o
o

Ours.

P p
p

Po li chi nel le.

Q
q
Qui vi ve.

R
r
Re nard.

r
Re quin.

EXERCICES

BOU ILLON	PA ILLASSE	BOU ILLOIRE
BA TAILLE	PA ILLE	FA MILLE
RO GNON	GRE NOUILLE	A GNEAU
CHI GNON	ROU ILLE	CHAN SON
SI GNAL	SEI GNEUR	VO LAIL LE
MAR CHAND	VI GNE	MOU CHOIR
VA CHE	CHI NOIS	GA ZON
CHÈ VRE	MI GNON	FEUIL LE
VI GNE RON	CHA GRIN	PÊ CHEUR
COR NI CHON	DRA GON	BRE BIS

S s

San gli er.

T t t
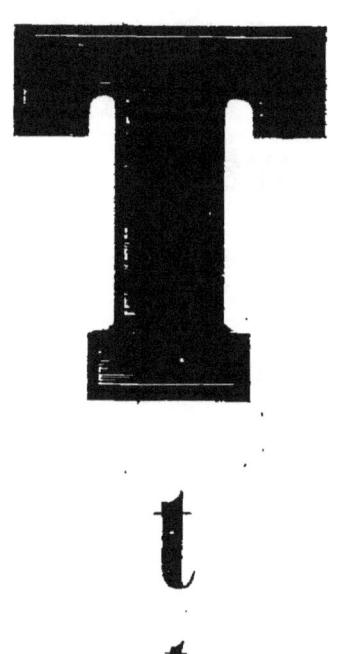
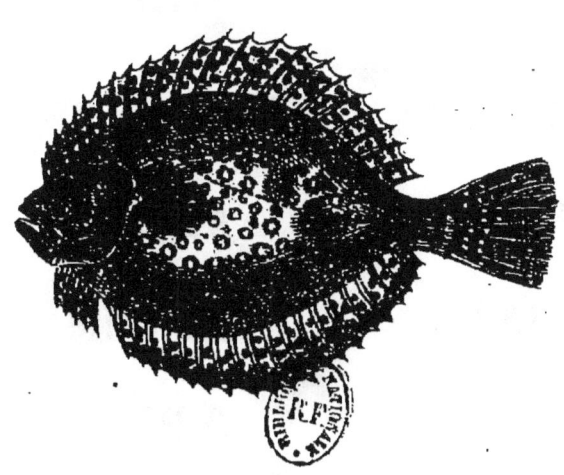
Tur bot.

EXERCICES

ŒU VRE	**MAR TYR**	**PHY SI QUE**
ŒUF	**MYS TÈ RE**	**PHRA SE**
BŒUF	**SYS TÈ ME**	**PHÉ NIX**
EX CU SE	EX EM PLE	EX IL
PAY SAN	LOY AL	MOY EN
LE ÇON	GAR ÇON	RAN ÇON
SPHÈ RE	STRO PHE	STÈ RE
É CHO	AL CA LI	É QUA TEUR
QUA TRE	AL BUM	OR GUEIL
CHŒUR	O PI UM	SOI XAN TE
KILO GRAM ME	HY PO CRI TE	GA ZON
RÉ FLE XION	QUIN ZE SIX	PÉ KIN
A LEX AN DRE	RE CUEIL	RÉ BUS

U u
u

(Vau tour.) Urubu.

V v
v

Vache.

PRIÈRE

No tre Pè re, qui ê tes aux Cieux, que vo tre nom soit sanc ti fié, que vo tre rè gne ar ri ve, que vo tre vo lon té soit faite sur la ter re com me au ciel; don nez-nous au jour d'hui no tre pain quo ti dien, et par don nez - nous nos of fen ses com me nous par don nons à ceux qui nous ont of fen sés, et ne nous lais sez point suc com ber à la ten ta tion, mais dé li vrez-nous du mal. Ain si soit-il.

X
X
x

Xo chi tot

Z
Z
z

Zou a ve.

L'ANNÉE

IL Y A 12 MOIS DANS L'ANNÉE

JANVIER FÉVRIER MARS
AVRIL MAI JUIN JUILLET
AOUT SEPTEMBRE OCTOBRE
NOVEMBRE DÉCEMBRE

LA SEMAINE

IL Y A SEPT JOURS DANS LA SEMAINE

LUNDI MARDI MERCREDI JEUDI VENDREDI SAMEDI DIMANCHE

COMBIEN Y A-T-IL DE SAISONS DANS L'ANNEÉ?

Il y a quatre Saisons:

LE PRINTEMPS, L'ÉTÉ, L'AUTOMNE
& L'HIVER.

LE LOUP

Ber ger, prends gar de à tes mou tons! Voi là le loup af fa mé qui ac court sur la li siè re du bois. Ga re à ton trou peau. Tu sais que l'an der nier, le bri gand a en le vé deux de tes plus beaux agneaux.

CHIFFRES

CHIFFRES ARABES		CHIFFRES ROMAINS	
UN.	1	UN	I
DEUX.	2	DEUX	II
TROIS	3	TROIS	III
QUATRE.	4	QUATRE	IV
CINQ.	5	CINQ	V
SIX	6	SIX	VI
SEPT.	7	SEPT	VII
HUIT.	8	HUIT	VIII
NEUF	9	NEUF	IX
ZÉRO.	0	DIX	X

Le pa pa de Ju les vient de lui a che ter un tam bour. Il fait ran plan plan plan ran pa ta plan.

Mé la nie, la bon ne, ap prend à mar cher au pe tit frè re, qui veut aus si jou er du tam bour. Il crie pour a voir le tam bour.

LE JOUR

On ap pel le jour l'es pa ce de temps pen dant le quel le so leil é clai re la ter re.

LA NUIT

Lors que le soir le so leil est couché, la ter re n'est plus é clai rée par ses ra yons; le jour s'en fuit. A lors il fait nuit.

LA LUNE

Quand le soir le so leil a dis pa ru, la ter re est dans l'om bre. A lors la lu ne se lè ve et é clai re la ter re de sa dou ce lu miè re.

LA FERMIÈRE

rappelle la volaille, les poules, les canards, les pigeons. Elle leur donne à manger des graines et des pommes de terre.

Petits! Petits!!

L'ANGE GABRIEL

Je vous salue, Marie, pleine de grâce.

Ange.

LE BEAU FAUCONNIER

LE FAUCON SUR LE POING

ATTEND LE SIGNAL DE LA CHASSE

Fauconnier.

LA CIGALE ET LA FOURMI

FABLE

La Cigale ayant chanté
      Tout l'été,
Se trouva fort dépourvue
Quand la bise fut venue :
Pas un seul petit morceau
De mouche ou de vermisseau !
Elle alla crier famine
Chez la Fourmi, sa voisine,
La priant de lui prêter
Quelque grain pour subsister
Jusqu'à la saison nouvelle :
— Je vous paierai, lui dit-elle,
Avant l'août, foi d'animal,
Intérêt et principal.
— La Fourmi n'est pas prêteuse,
C'est là son moindre défaut;
Que faisiez-vous au temps chaud,
Dit-elle à cette emprunteuse.
— Nuit et jour, à tout venant,
Je chantais, ne vous déplaise,
— Vous chantiez ! j'en suis fort aise ;
Eh bien ! dansez maintenant !

JEAN-BLAISE A LA CHARRUE

HUE! FANFAN! HUE DONC, COCO!

VOICI LE PRINTEMPS REVENU. TOUT REVERDIT DANS LA CAMPAGNE. LES OISEAUX CHANTENT. LES ALOUETTES VOLENT BIEN HAUT DANS LE CIEL EN CHANTANT: TIRE LIRE! TIRE LIRE LIRE LIRE! LES CULTIVATEURS LABOURENT LES CHAMPS POUR SEMER DU BLÉ, DES POMMES DE TERRE, DES NAVETS, DES CAROTTES.

Imp. Lith. CH. PINOT édit. à Epinal.

Se trouve chez le même éditeur:

ALBUMS D'IMAGES.

Nouveau Syllabaire récréatif.
La Poupée merveilleuse.
Le petit Poucet.
Le Chaperon rouge.
Le Chat botté.
La petite Cendrillon.
La Belle au bois dormant.
Peau d'âne.
L'Oiseau bleu.
Robinson Crusoë.
Le Loup, la Chèvre et ses Biquets.
L'Éducation de la Poupée.
La Saint Nicolas.
Alphabet amusant.
Alphabet des Objets familiers.

www.ingramcontent.com/pod-product-compliance
Lightning Source LLC
Chambersburg PA
CBHW060712050426
42451CB00010B/1405